COMMENT STIMULER
SA CRÉATIVITÉ PROFESSIONNELLE ?

Les étapes pour voir le monde différemment

par Chantal Rens

50MINUTES

COMMENT STIMULER SA CRÉATIVITÉ PROFESSIONNELLE ?

- **Problématique ?** Comment développer ses talents créatifs pour se démarquer au bureau ?
- **Utilité ?** Réveiller son imagination rend possible la production de solutions innovantes face à tout type de situation ; de quoi devenir un atout pour son entreprise !
- **Contexte ?** Développement personnel, innovation, efficacité professionnelle, résolution de problèmes.
- **FAQ ?**
  - Sommes-nous tous créatifs ?
  - La créativité est-elle une compétence reconnue en entreprise ?
  - Un pôle créatif est déjà présent dans mon entreprise ; ai-je tout de même besoin de développer ma créativité ?
  - Concrètement, comment développer un état d'esprit créatif ?
  - Quelles différences existe-t-il entre imagination, créativité, invention et innovation ?

À l'évidence, être créatif constitue un véritable atout, surtout dans un contexte professionnel d'évolution permanente et de forte concurrence, où tout se mesure de plus en plus à court terme. Les patrons de start-up le savent bien : « Dans le monde actuel, les lignes droites sont rares, confie Michael Brecht, patron de Doodle AG [service de planification en ligne]. Il faut savoir adapter son modèle économique en fonction des opportunités et mettre tous les collaborateurs à contribution. »

Vous désirez briller en réunion grâce à vos idées à la fois originales et néanmoins réalistes, mais vous pensez que la créativité reste un cadeau du ciel réservé à quelques privilégiés ? Détrompez-vous !

L'inventivité reste accessible à tous, mais il est certain que proposer des solutions innovantes ne s'improvise pas. Cela requiert travail et rigueur : il faut pouvoir instaurer un cadre propice, s'appuyer sur des techniques de stimulation, trier les idées farfelues et celles adaptées au problème posé, etc. Vous restez sceptique ? Vous imaginez qu'il s'agit d'une compétence réservée à l'équipe marketing, aux pros de la publicité ou aux virtuoses des nouvelles technologies ? Non point. Dans de multiples cas, vous ferez mouche si vous osez sortir du cadre et tentez de regarder la situation d'un œil neuf. La créativité peut passer par la recherche de nouveaux clients, l'élaboration d'un nouveau pack de produits, l'organisation d'une soirée événementielle, la rédaction d'un discours, la mise au point d'un concept révolutionnaire ou encore la gestion d'un conflit entre collaborateurs.

Pratiqué en solo ou sous forme de remue-méninges collectif, votre potentiel d'innovation peut faire la différence. Encore faut-il en assimiler les principes. En 50 minutes, ce livret vous présente les processus de l'imagination et les outils qui vous permettront de développer votre créativité au quotidien.

B.A.-BA DU PROFESSIONNEL CRÉATIF

COMPRENDRE LA CRÉATIVITÉ

L'intelligence créative

Selon Robert Sternberg (psychologue américain, né en 1949), « la créativité est la capacité de produire un travail qui est : novateur (c'est-à-dire original, inattendu), de bonne qualité et approprié (c'est à dire utile, qui respecte les contraintes) » (Sternberg, Kaufman, & Pretz, 2002, p. 1). Ce spécialiste analyse également le rôle de l'intelligence dans le processus créatif et identifie la triarchie suivante :

- **l'intelligence analytique** (hémisphère gauche) traite de la capacité à analyser, à évaluer et à résoudre un problème. Il s'agit de l'intelligence académique que l'on peut mesurer par le QI ;
- **l'intelligence pratique** (hémisphère droit) définit la compétence de réactivité face aux circonstances ;
- **l'intelligence créative** correspond à l'aptitude à inventer des idées face à des situations nouvelles et inhabituelles en se basant sur l'expérience et en sollicitant l'imagination et l'intuition.

Le psychologue américain Joy Paul Guilford (1897-1987) articule également ces deux concepts en identifiant deux étapes dans le processus créatif :

- **la pensée divergente**. Il s'agit d'un processus mental employé afin de produire un maximum d'idées en recourant à l'imagination et à l'intuition ;

- **la pensée convergente**. À partir des premières réflexions émises, elle permet d'obtenir une réponse organisée et opérationnelle en utilisant les capacités de raisonnement d'une personne.

La créativité ferait ainsi appel à la première tandis que l'intelligence solliciterait la seconde. Les deux sont donc liées, il n'existe pas d'intelligence sans créativité et *vice versa*.

CRÉATIVITÉ *VERSUS* INNOVATION

On confond bien souvent créativité et innovation. Pourtant, être créatif ne signifie pas forcément innover, l'inverse étant vrai également. La créativité permet l'émergence de nouvelles idées qui n'aboutiront pas toujours, tandis que l'innovation correspond à un changement réel, à une amélioration concrète dans l'entreprise par la mise en place de moyens. De plus, si l'on peut imaginer seul, innover requiert souvent les compétences de plusieurs professionnels.

Le processus créatif

Dans les années vingt, Graham Wallas (professeur en sciences politiques, 1858-1932), qui s'intéressait de près à la psychologie, distingue quatre temps dans le processus créatif :

- **la préparation**. Durant cette période, un travail souterrain s'effectue, parfois laborieux, durant lequel vous définissez le problème et vous accumulez les informations nécessaires à la résolution du problème ;
- **l'incubation**. Lors de ce deuxième temps, plus ou moins long, le cerveau travaille inconsciemment par association d'idées sur le sujet ;
- **l'illumination**. C'est la phase d'émergence d'idées où vous vous laissez aller à la spontanéité, en toute liberté et sans jugement ;
- **la vérification**. Cette dernière temporalité est celle de la sélection des idées selon leur pertinence et leur caractère réalisable.

Les différentes logiques créatives

La créativité peut prendre plusieurs formes. Selon votre mode de fonctionnement, privilégiez l'une ou l'autre méthode :

- **la logique associative** est basée sur l'association libre d'idées. Elle consiste à en exprimer spontanément un maximum, sans censure et de manière fluide, en les associant les unes aux autres. Cette pratique est notamment utilisée lors d'un *brainstorming* ;
- **la logique analogique** repose sur la comparaison entre des domaines proches afin de s'inspirer des ressemblances et des différences. La synectique, une méthode américaine élaborée par William Gordon (1919-2003) et George Prince (1918-2009), fait appel à cette logique en allant chercher des idées dans des domaines déjà explorés. L'avion, par exemple, a été inventé par analogie avec l'oiseau ;
- **la logique onirique** vient du grec *oniris* signifiant « rêves ». Robert Desoille (ingénieur et psychologue français, 1890-1966) a mis au point une méthode s'inspirant de cette logique, appelée « rêve éveillé dirigé » (RED). La personne se met en état de relaxation puis imagine un scénario particulier. Cette technique vise à accéder à l'inconscient afin de favoriser l'imagination ;
- **la logique projective** permet d'obtenir des idées originales en se mettant dans la peau de personnages, d'animaux, de professionnels, etc. Les jeux de rôle en sont un bon exemple.

SURMONTER SES BLOCAGES

Les croyances limitantes

Pour que les idées créatives coulent à flots, encore faut-il surmonter ses blocages et se libérer des inhibitions qui ne manquent pas d'entraver toute démarche innovante. Ces dernières peuvent être d'ordre émotionnel : la peur de se tromper, de se décrédibiliser, d'être ridicule, d'être étiqueté comme stupide, d'être en minorité, d'affronter le regard des autres, de l'inconnu, etc. Elles peuvent également reposer sur des croyances culturelles qui brident le potentiel et empêchent d'avancer : l'imagination est réservée aux enfants ; telle idée ne sera jamais acceptée dans mon entreprise ; il faut trouver du premier coup, sans tâtonner, etc.

Ces croyances limitantes sont présentes dans le quotidien de façon inconsciente. Cependant, elles constituent une interprétation de la réalité et non une vérité. Pour être créatif, il faut pouvoir sortir du moule dans lequel elles enferment chaque individu. Il faut changer son mode de pensée et remettre en question ce que l'on croit possible et impossible, ses expériences, sa façon de raisonner, son éducation, etc. Il ne faut pas prendre ses connaissances pour acquises, mais constamment essayer de modifier sa vision des choses. En réfléchissant ainsi, vous ouvrirez de nouvelles portes et développerez votre créativité.

Le perfectionnisme

Toute personne s'avère créative et originale lorsqu'elle parvient à dépasser ses obligations, ses règles et ses attentes restrictives. Dès lors, acceptez l'imperfection, car de celle-ci naît souvent la singularité d'un concept ou d'une idée. Une maxime à cultiver pour tous ceux qui peaufinent à l'infini leur dernière trouvaille avant de la présenter : « Le mieux est l'ennemi du bien. » Autrement dit, à vouloir améliorer sans cesse les choses, on risque de les gâcher.

> « Au début de ma carrière, je perdais un temps fou à rassembler de la documentation et à recueillir des témoignages. Il me semblait indispensable d'accumuler tout ce matériau pour faire le tour de la question

avant d'écrire une seule ligne. Mais en même temps, je devais rédiger dans l'urgence, vous imaginez le stress… J'ai compris petit à petit que ces préliminaires excessifs se faisaient au détriment de mon regard neuf sur le sujet à traiter. Maintenant, je me lance directement, en me fiant à mon esprit de synthèse et à mon intuition. Du coup, je trouve des angles plus intéressants et plus inattendus. » (Paul R., journaliste dans un quotidien régional)

Le manque de confiance en soi

« Je suis nul », « je n'ai jamais eu d'imagination », « je vais perdre la face », « les autres sont plus brillants que moi », etc. Un véritable « tribunal intérieur » vous assaille de critiques et de doutes incessants dès que vous pensez vous lancer dans quelque chose ? Il est grand temps de bannir cette voix négative qui vous freine dans votre processus créatif et plus généralement dans votre épanouissement.

Commencez par remplacer ces pensées par des affirmations positives en pratiquant la méthode Coué. Élaborée par Émile Coué (psychologue français, 1857-1926), elle utilise l'autosuggestion pour reprogrammer le cerveau. Répétez-vous que vous allez y arriver, que vous avez de l'imagination, etc. : cela vous aidera à croire en votre potentiel créatif. Une autre technique est celle de la visualisation créative. Le but est d'imaginer des situations dans lesquelles vous débordez de confiance. Installez-vous confortablement puis fermez les yeux, respirez doucement et visualisez-vous en train de réussir une présentation, de créer un nouveau projet innovant ou de présenter une conférence devant 200 personnes tout en étant à l'aise. Progressivement, cette confiance imaginaire influencera votre quotidien, pour peu que vous réalisiez cet exercice avec conviction.

TECHNIQUES POUR CULTIVER SA CRÉATIVITÉ

Pratiquer une gymnastique mentale

La créativité, c'est avant tout un état d'esprit à cultiver chaque jour, à l'image d'un corps que l'on souhaiterait muscler. Le questionnement systématique et l'art de l'étonnement constituent les exercices de base de tout esprit créatif.

> « Je dérouille mon imagination en cassant les routines du quotidien : je change de trajet pour aller travailler ou je décore les murs de mon bureau avec de nouvelles photos. Mais la curiosité se révèle également un puissant moteur. Régulièrement, je flâne en librairie et je feuillette des magazines très éloignés de mes centres d'intérêt naturels ou je regarde des films qui n'ont rien à voir avec mon univers. Les idées peuvent surgir n'importe quand. Par exemple, c'est au volant de ma voiture que j'ai trouvé le concept de base d'une campagne de pub, en regardant par hasard l'affiche d'un concurrent.
>
> Mais l'inspiration ne suffit pas, une idée, ça se travaille. Il faut beaucoup de concentration et de ténacité pour arriver à une solution satisfaisante. Par ailleurs, la remise en question est nécessaire, il faut savoir mettre sa susceptibilité dans sa poche quand son projet est rejeté et repartir sur une autre piste avec agilité et enthousiasme. L'expérience m'a appris à transformer les contraintes en jeu et à m'en amuser. » (Grégoire, directeur de création dans l'agence de communication *La Chose*)

Posez-vous les questions suivantes afin d'analyser quelle méthode de créativité fonctionnerait pour vous :

- les idées vous viennent-elles plutôt lorsque vous êtes seul ou au cours d'échanges à plusieurs ?

- préférez-vous une atmosphère zen et calme, en sécurité dans votre bulle (bureau ou chambre), ou êtes-vous stimulé par un environnement actif (jogging, ménage, jardinage, etc.) ?
- avez-vous besoin d'une décharge d'adrénaline due au stress du dernier moment pour donner le meilleur de vous-même ou, au contraire, de définir processus organisé et balisé dans le temps ?
- des habitudes particulières contribuent-elles à booster votre créativité (ranger d'abord vos papiers, établir le planning de la journée, vous balader quelques minutes, écouter de la musique, etc.) ?

Une fois votre méthode préférentielle trouvée, utilisez-la consciemment : elle constituera un échauffement efficace. Pour ceux qui ont besoin d'un petit coup de pouce, les quelques exercices faciles et ludiques qui suivent vous aideront à dégourdir votre esprit.

La « bissociation » ou association forcée

Cet exercice consiste à prendre un mot au hasard, dans un dictionnaire ou n'importe quel papier vous tombant sous la main, et à entamer votre réflexion à partir de celui-ci. Vous pouvez également en choisir plusieurs et tenter d'inventer un nouveau concept en relation avec ceux-ci. Par exemple, que feriez-vous avec « lampe » et « crayon » ? Ou « chaussure » et « livre » ? Rien ne vous vient à l'esprit ? Réfléchissez encore un peu et faites travailler votre imagination. Le but n'est pas de créer un objet réaliste, au contraire, les idées loufoques sont les bienvenues.

Le scénario catastrophe

Cet exercice un peu particulier se résume à chercher ce qui pourrait arriver de pire. Ainsi, posez-vous des questions telles que : comment être sûr de rater ma présentation ? Comment faire pour que le public déteste mon nouveau produit ? Comment échouer dans la réussite de mon objectif ? Cette activité peut vous sembler étrange au premier abord, mais en exposant les points négatifs, vous pourrez ensuite les transformer en aspects positifs. Sans parler de l'aspect amusant d'une telle réflexion, également source de créativité.

Les six chapeaux

Cette méthode, développée par le psychologue maltais Edward de Bono (né en 1933), consiste à adopter différents angles de vue en portant tour à tour six chapeaux de couleurs différentes qui représentent chacun un mode de pensée. Cette technique peut aussi bien être utilisée en groupe que seul.

La méthode des six chapeaux d'Edward de Bono

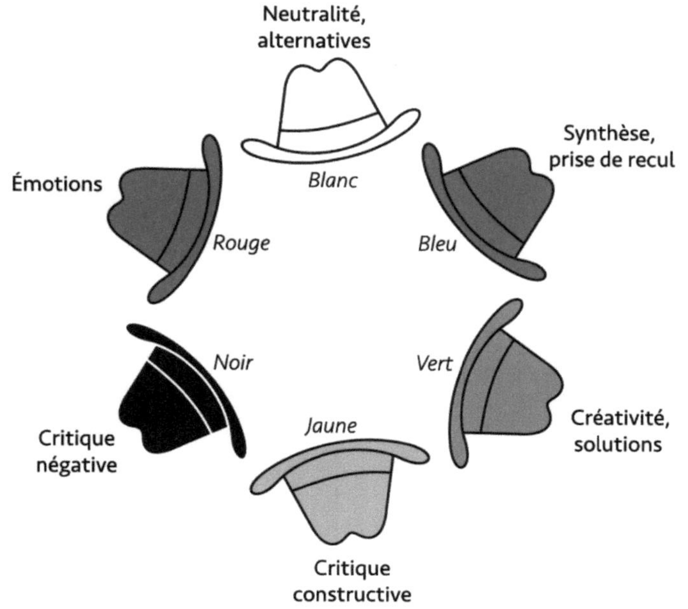

Le mind mapping

Développée par Tony Buzan (psychologue anglais, né en 1942), la carte heuristique est une représentation visuelle du cheminement de la pensée et donc des liens entre chacune des idées. Le principe est très simple : déposez votre réflexion de base au centre d'une feuille blanche sous forme de mots ou de dessins et ajoutez les idées qui en découlent en les reliant par des branches. Vous pouvez utiliser des couleurs différentes pour différencier les ramifications. Ce mode d'affichage permet au cerveau de faciliter les connexions et favorise donc la création d'idées.

INTERAGIR POUR BOOSTER SA CRÉATIVITÉ

Certes la créativité est une compétence individuelle, mais elle peut être boostée grâce au phénomène d'équipe. En effet, quoi de mieux pour développer de nouvelles idées que de les confronter avec celles de vos collaborateurs ? Puisqu'il existe presque autant de visions différentes que de personnes, n'hésitez pas à vous enrichir du point de vue des autres. De plus, les techniques de créativité collective entraînent souvent des effets de synergie que l'on pourrait illustrer

par la maxime d'Aristote (philosophe grec, 384-322 av. J.-C.) :
« La totalité est plus que la somme des parties. » Cependant,
pour que cela fonctionne, il convient de suivre les règles de base de
chaque méthode.

Le brainstorming

Les principes généraux de cette technique du « remue-méninges »,
développée par Alex Osborn (publicitaire américain, 1888-1966),
sont : interdire tout jugement ou critique, laisser aller son imagination, rebondir sur les idées des autres pour, finalement, récolter
un maximum d'idées. Lors de cette première phase, peu importe si
ces dernières sont réalisables ou non. Cette analyse viendra dans un
second temps, celui de la sélection.

Pour mettre à profit cette méthode, donnez libre cours à votre
fantaisie : plus l'idée est farfelue, mieux c'est. Il est plus facile
d'assagir une idée que de l'embellir. Ainsi, exploitez-la jusqu'au
bout, sans vergogne, même si vous nagez en plein paradoxe.
De plus, acceptez de vous faire piller vos idées et de renoncer à la
compétition : elles appartiennent au groupe et chaque membre en
est propriétaire. Et finalement, avec l'aide de l'équipe, vous dégagerez peut-être celles qui pourront ensuite être peaufinées pour
aboutir à un nouveau produit, à un nouveau service ou à l'innovation de l'année.

CONSEIL

Le brainstorming ne peut fonctionner qu'à condition que les individus participent
sans peur d'être jugés ou évalués par les autres. De plus, afin que les idées soient
les plus variées possible, il est généralement intéressant de réunir des personnes
de services différents.

Le workshop

Le workshop correspond à un atelier de travail et d'échange sur un sujet défini à l'avance. Il peut se dérouler sur une ou plusieurs journées et réunit des spécialistes qui interagissent avec un nombre limité de participants. Participer à ce genre d'événement peut vous aider à acquérir de nouvelles connaissances ou à approfondir des compétences. N'hésitez pas à vous renseigner et, si vous avez le choix, n'optez pas obligatoirement pour un atelier dont le sujet se rapporte à votre secteur ; au contraire, vous pourriez tenter de découvrir des domaines encore inconnus. Conviviaux et collaboratifs, ces workshops sont l'occasion de développer votre curiosité et votre créativité.

Enfin, n'hésitez pas non plus à discuter de vos idées et à les tester sur vos collègues autour de la machine à café, pendant un *afterwork* ou durant la pause du midi : leurs opinions pourraient vous éclairer. Attention tout de même, le travail en groupe ne dispense pas du travail individuel. À l'évidence, la stimulation collective n'est là que pour compléter votre démarche personnelle.

LES QUALITÉS DU CRÉATIF

- Il est persévérant et obstiné.
- Il prend des risques.
- Il est ouvert aux nouvelles expériences.
- Il manifeste de l'intérêt pour le paradoxe et l'originalité.
- Il se montre enthousiaste et énergique.
- Il possède des capacités de concentration et de discernement.
- Il se remet en question et accepte les critiques.

TOP CONSEILS

- **Pensez créatif au quotidien.** La créativité est un état d'esprit que vous devez favoriser tous les jours et pas uniquement au bureau. Votre environnement peut devenir votre plus grande source d'inspiration, alors soyez-y attentif. Le matin au petit-déjeuner en lisant le journal, sur la route du travail en écoutant la radio, le midi en allant chercher votre lunch, toutes les occasions sont bonnes pour développer votre imagination.

- **Combattez vos inhibitions et libérez-vous des modes de pensées classiques.** La peur d'être ridicule, d'être mis à l'écart ou encore d'échouer vous freinera dans votre recherche de nouvelles idées. Mais posez-vous la question, qu'avez-vous réellement à perdre ? En réalité, pas grand-chose. Au contraire, vous avez tout à gagner à vous montrer créatif, alors lancez-vous et sortez du conformisme ambiant. Commencez par porter cette tenue extravagante qui dort dans votre dressing ou par oser une nouvelle coiffure.

- **Tirez parti de vos erreurs.** Vous avez misé sur des idées qui n'ont pas marché ? Soyez indulgent avec vous-même, les échecs et les égarements font partie du processus créatif. En reprenant vos anciennes trouvailles quelques jours plus tard sous un angle nouveau, vous produirez peut-être l'idée de l'année.

- **Exercez-vous encore et encore.** Vous l'avez compris, la créativité est un processus sans fin. Une fois que vous aurez goûté à ses bienfaits, continuez à faire vos gammes. À la maison, inventez des jeux avec vos enfants ; au bureau, faites des suggestions à votre patron ; au supermarché, inventez une nouvelle recette, etc. Enfin, prenez des notes. Coucher vos idées sur le papier leur donne déjà du poids et renforce votre capacité à imaginer. En les relisant quelques jours plus tard, vous pourrez vous dire fièrement : « C'est moi qui ai pensé à ça ? »

- **Soyez curieux et testez de nouvelles expériences.** Rien de mieux pour voir les choses différemment et donc stimuler votre esprit créatif. Tentez une nouvelle activité sportive, allez voir une exposition sur un artiste qui vous est inconnu ou une conférence sur un domaine dont vous ignorez tout. Vous découvrirez peut-être de nouvelles aspirations.

- **Soyez patient.** Développer votre créativité ne se fera pas claquant des doigts. Instaurez un petit rituel à pratiquer tous les jours, durant lequel vous travaillerez votre imagination, et prenez le temps : les grandes idées se construisent petit à petit.

- **Cultivez votre côté enfant.** C'est bien connu, les enfants ont une imagination débordante. Inspirez-vous-en. Mettez-vous à leur place et essayez de voir les choses de façon ludique. Si vous avez la chance d'en avoir, jouez avec eux un maximum pour comprendre comment s'exprime leur créativité.

- **Privilégiez le processus créatif plutôt que le résultat.** L'important dans le développement de la créativité, ce n'est pas l'arrivée, mais le chemin. Que vos réflexions aboutissent ou non à une innovation ou un projet concret est une autre affaire, mais pour cela il faudrait déjà pouvoir produire des idées. Inutile de mettre la charrue avant les bœufs, concentrez-vous sur la première étape.

- **Pratiquez le « et si... »** Ces deux petits mots pourraient vous ouvrir bien des portes. Oubliez le terme « impossible » et regardez les possibilités qui s'offrent à vous. Et si... vous pouviez voler ? Et si... vous étiez président des États-Unis ? Et si... l'homme avait quatre mains ?

FAQ

SOMMES-NOUS TOUS CRÉATIFS ?

Sans aucun doute, même si nous n'exprimons pas cette compétence de la même façon. En effet, selon les neurobiologistes, nous sommes tous équipés d'un cerveau capable de créer, de changer et de s'adapter. Au cours du processus de création, nos deux hémisphères cérébraux jouent un rôle prééminent, mais nous sollicitons également d'autres circuits neuronaux du cerveau qui réactivent des pans de notre mémoire émotionnelle. Todd Lubart, chercheur en psychologie et spécialiste de la créativité, a étudié ce mécanisme particulier qu'il a théorisé sous le nom de « résonance émotionnelle ». De quoi s'agit-il ? À chaque concept, expérience ou savoir stocké en mémoire sont associés des souvenirs émotionnels. Dès lors, quand on pense à un concept, l'émotion liée à ce dernier resurgit et peut également réveiller un sentiment voisin enfoui qui, dans une logique associative, active alors une nouvelle pensée. Ainsi, pour Todd Lubart, plus nous accueillons nos émotions, plus nous développons notre créativité.

LA CRÉATIVITÉ EST-ELLE UNE COMPÉTENCE RECONNUE DANS LA VIE PROFESSIONNELLE ?

À l'évidence, la créativité est désormais une qualité-clé en entreprise. Un DRH du secteur pharmaceutique le confirme :

> « La créativité n'est plus la chasse gardée des chercheurs de la Recherche & Développement, des hommes du marketing ou de la pub. Cette capacité doit s'exprimer à tous les échelons et dans tous les métiers de l'entreprise, sans restriction. C'est d'ailleurs un critère pris en considération pour évaluer la performance annuelle des collaborateurs. » (Source anonyme)

Afin de favoriser l'émergence d'idées au sein des entreprises, c'est toute son organisation qui a été repensée et remaniée. Par exemple, dans nombre d'entre elles, les salariés les plus créatifs sont repérés et formés. Ils encadrent ensuite des groupes projets ou endossent la fonction de « I-mentor » (« I » pour « innovation »). Inutile de préciser que ces prises de responsabilité sont bénéfiques pour la suite d'une carrière. De plus, les stratégies managériales ont également évolué afin d'instaurer un cadre favorable au développement de la créativité chez tous les employés.

UN PÔLE CRÉATIF EST DÉJÀ PRÉSENT DANS MON ENTREPRISE ; AI-JE TOUT DE MÊME BESOIN DE DÉVELOPPER MA CRÉATIVITÉ ?

Bien sûr ! Même si un pôle créatif est créé uniquement dans le but de trouver des solutions innovantes, éveiller votre créativité peut vous aider à rompre une routine parfois ennuyeuse dans votre vie professionnelle et dans votre quotidien. Vous apprendrez entre autres à regarder les choses différemment, à relever des défis et à ouvrir votre champ des possibilités. Finalement, il s'agit d'une carte pour améliorer votre bien-être. Dès lors, si vous n'avez pas à être créatif pour votre entreprise, soyez-le pour vous-même.

CONCRÈTEMENT, COMMENT DÉVELOPPER UN ÉTAT D'ESPRIT CRÉATIF ?

Quelques conseils peuvent vous y aider.

- Prenez de la hauteur une fois par semaine. Entouré de murs, sans cesse confiné, vous finissez par perdre le sens des perspectives. Trouvez un lieu élevé et fixez l'horizon. De là, vos problèmes vous paraîtront insignifiants et vos possibilités infinies.

- Commencez vos réunions en jouant aux devinettes. Pour détendre l'atmosphère et stimuler les participants, posez-leur une question insolite ou présentez un visuel surprenant. Rien de tel pour activer les neurones.
- Diversifiez vos expériences. Les rituels bien huilés de la vie quotidienne étouffent lentement votre créativité. Prenez le réflexe de modifier quelque chose chaque jour aussi bien dans votre vie privée qu'au bureau : improvisez de nouvelles recettes, optez pour un style vestimentaire différent, testez un nouveau sport, modifiez votre emploi du temps au pied levé ou variez votre police de caractère pour vos e-mails (tout en restant professionnel bien sûr).
- Osez répondre « pourquoi pas » plutôt que « non ». Prenez au sérieux toutes les suggestions, sans préjugés, même celles qui vous paraissent saugrenues de prime abord. Qui sait ? Elles se révéleront peut-être payantes par la suite.
- Imaginez le pire pour apprécier le meilleur. Quand vous aurez passé en revue toutes les catastrophes possibles et trouvé des parades, vous retrouverez votre sérénité et vous pourrez persévérer dans vos projets.
- Affichez des citations inspirantes dans votre bureau. Véritables vitamines de l'esprit, elles vous donneront à réfléchir et boosteront votre inventivité ainsi que celles de vos collègues.

> « Une personne qui n'a jamais commis d'erreurs n'a jamais innové. »
> (Albert Einstein, physicien allemand, 1879-1955)

- Méditez régulièrement. Comme en témoignent de nombreux artistes, chercheurs et entrepreneurs, la méditation réduit le stress et stimule l'imagination.

QUELLE DIFFÉRENCE EXISTE-T-IL ENTRE IMAGINATION, CRÉATIVITÉ, INVENTION ET INNOVATION ?

Nous avons souvent tendance à confondre ces termes. Pourtant, même s'ils sont liés, il est nécessaire de savoir les différencier. Pour cela, reprenons des définitions du CNRTL (centre national de ressources textuelles et lexicales) :

- **l'imagination** est la « faculté que possède l'esprit de se représenter ou de former des images ». Elle ne tient pas compte de la réalité ni des lois physiques. Il s'agit donc d'un espace où tout est possible ;
- **la créativité** est la « capacité, [le] pouvoir qu'a un individu de créer, c'est-à-dire d'imaginer et de réaliser quelque chose de nouveau ». L'imagination est une composante de la créativité, mais contrairement à la première, la seconde se développe dans un cadre particulier à partir duquel elle produit des idées nouvelles ;
- **l'invention** correspond à l'« action d'imaginer quelque chose de nouveau. » En cela, elle est très proche de la créativité. Cependant, tandis que cette dernière reste au stade de la pensée, l'invention fait entrer l'idée nouvelle dans le monde physique ;
- **l'innovation** désigne le fait d'innover ou encore le « résultat de cette action [innover], [la] chose nouvelle introduite ». Elle est la mise en place concrète d'une nouvelle idée par des moyens dans le but d'améliorer l'entreprise.

À VOUS DE JOUER !

Vous avez désormais toutes les clés en main pour ouvrir les portes de votre potentiel d'innovation. Mais vous sentez-vous suffisamment sûr de vous et armé pour affirmer votre talent créatif ? Répondez à ces questions, calculez votre score et tirez-en les conclusions.

	OUI	NON
J'aime sortir des sentiers battus.		
La recherche de solutions me passionne.		
Les erreurs me stimulent.		
Je cherche toujours plusieurs solutions à un problème.		
L'enjeu me permet de me surpasser.		
Je suis toujours volontaire pour relever un nouveau défi.		
Je suis émotif, même dans le cadre professionnel.		
J'apprécie le suspense dans la vie, au cinéma ou dans les livres.		
Le jugement des autres ne m'atteint pas.		
Les avis contraires m'aident à approfondir mes idées.		
Je trouve que l'on est plus créatif à plusieurs que seul.		
J'aime avoir du temps pour laisser vagabonder mon esprit.		
Je garde le moral et je positive quand tout va mal.		
J'aime voir évoluer les idées que j'ai proposées aux autres.		
Je n'ai absolument pas peur du ridicule.		

Résultats :

- Si vous avez plus de 10 réponses positives, vous jouissez d'une grande confiance en votre créativité. Apparemment, vous avez conservé votre âme d'enfant et votre imagination. Il peut s'avérer un atout de taille pour vous sortir des difficultés, et transformer vos échecs en opportunités – à condition bien sûr d'associer à votre talent créatif une bonne dose d'autodiscipline et d'organisation.
- Entre 6 et 10 réponses positives, votre confiance n'est pas constante. À quelles résistances devez-vous faire face ? Reprenez les réponses négatives pour mieux comprendre. Certaines circonstances vous seraient-elles plus favorables que d'autres ? Vous pouvez être réfractaire à la création en groupe ou au contraire, être incapable de créativité une fois seul. Il suffit de connaître la faille pour la combler.
- Entre 1 et 5 réponses positives, ne vous inquiétez pas pour autant : vous possédez vous aussi un potentiel créatif, mais vous manquez sûrement d'exercice. Quelles croyances limitantes vous inhibent ? Sachant que chaque personne possède son propre mode d'emploi pour créer, quel pourrait être le vôtre ? Acceptez de tâtonner, analysez-vous dans différents contextes pour progresser. Vous pouvez éventuellement vous faire accompagner pour surmonter vos freins, qu'il s'agisse de formations spécifiques ou d'un coaching personnalisé.

POUR ALLER PLUS LOIN

SOURCES BIBLIOGRAPHIQUES

* Aznar (Guy), *Idées. 100 techniques de créativité*, Paris, Éditions d'Organisation, 2005.
* Bellanger (Lionel), *Libérez votre créativité. De l'imagination à l'innovation gagnante*, Paris, ESF éditeur, 2005.
* Bô (Daniel), « Qu'est-ce que l'intelligence créative ? », in *Marketing études*, février 2014, consulté le 6 novembre 2015.
  http://www.testconso.typepad.com/marketingetudes/2014/02/quest-ce-que-lintelligence-creative-.html
* Bonnet (Véronique), « Développer sa créativité », in *Youtube*, mars 2015, consulté le 28 octobre 2015.
  https://www.youtube.com/watch?v=kUkgvGpufus
* Bono (Edward de), *Les six chapeaux de la réflexion*, Paris, Eyrolles, 2005.
* Cameron (Julia), *Libérez votre créativité*, Paris, J'ai Lu, 2007.
* Cottraux (Jean), *À chacun sa créativité. Einstein, Mozart, Picasso... et nous*, Paris, Odile Jacob, 2008.
* Duhoux (Patrick) et Jacob (Isabelle), *Développer sa créativité*, Paris, Retz, 2006.
* Fardeau (Aurélie), « 5 exercices pour développer sa créativité », in *Journal du Net*, novembre 2008, consulté le 28 octobre 2015.
  http://www.journaldunet.com/management/efficacite-personnelle/conseil/5-exercices-pour-stimuler-sa-creativite/5-exercices-pour-stimuler-sa-creativite.shtml
* Lubart (Todd), Mouchiroud (Christophe), Tordjam (Sylvie) et Zenasni (Franck), *Psychologie de la créativité*, Paris, Armand Colin, 2003.
* Swinners (Jean-Louis) et Briet (Jean-Michel), *L'intelligence créative au-delà du brainstorming*, Paris, Maxima, 2004.

SOURCES COMPLÉMENTAIRES

- BERNE (Éric), *Intuition et États du moi*, Paris, InterÉditions, 2012.
- BONO (Edward de), *Comment avoir des idées créatives ?*, Paris, Leduc.s, 2008.
- CAUVIN (Pierre), *Décryptez les types de personnalité avec le MBTI*, Paris, ESF éditeur, 2013.
- CHARLIER (Maïlys), *Comment organiser un workshop productif ?*, Bruxelles, Lemaitre Publishing, 2015.
- CSIKSZENTMIHALY (Mihaly), *La créativité. Psychologie de la découverte et de l'invention*, Paris, Robert Laffont, 2006.
- LECOMTE (Migüel), *Comment élaborer une mind map ?*, Bruxelles, Lemaitre Publishing, 2015.
- OSBORN (Alex), *L'imagination constructive : principes et processus de la pensée créative et du brainstorming*, Paris, Dunod, 1959.
- Portail du *CNRTL*
  http://www.cnrtl.fr/
- STERNBERG (Robert), *Manuel de psychologie cognitive. Du laboratoire à la vie quotidienne*, Bruxelles, De Boeck, 2007.
- ZINQUE (Nicolas), *Comment innover en équipe ? Astuces pour un brainstorming fructueux*, Bruxelles, Lemaitre Publishing, 2015.

www.50minutes.com

Éditeur responsable : Lemaitre Publishing
Avenue de la Couronne 382 | BE-1050 Bruxelles
info@lemaitre-editions.com

ISBN ebook : 978-2-8062-6530-2
ISBN papier : 978-2-8062-6531-9
Dépôt légal : D/2015/12603/250
Photo de couverture : © Duncanandison – Fotolia.com.

Conception numérique : Primento,
le partenaire numérique des éditeurs